Hans Christian Andersen Däumelinchen

Hans Christian Andersen

Däumelinchen

Mit Bildern von Monika Beisner

Broschek Verlag

Es war einmal eine Frau, die sich so sehr ein ganz kleines Kind wünschte, aber sie wußte nicht, woher sie es nehmen sollte. Da ging sie zu einer alten Hexe und sagte zu ihr: »Ich möchte so herzlich gern ein kleines Kind haben, willst du mir nicht sagen, woher ich das bekommen kann?«
»Damit wollen wir schon fertig werden!« sagte die Hexe. »Da hast du ein Gerstenkorn; das ist gar nicht von der Art, wie sie beim Bauern auf dem Feld wachsen oder wie sie die Hühner zu fressen kriegen; lege das in einen Blumentopf, so wirst du etwas zu sehen bekommen!«
»Ich danke dir!« sagte die Frau und gab der Hexe zwölf Schillinge, denn soviel kostete es, ging dann nach Hause, pflanzte das Gerstenkorn, und sogleich wuchs da eine herrliche große Blume; sie sah aus wie eine Tulpe, aber die Blätter schlossen sich fest zusammen, ganz so, als ob sie noch in der Knospe wäre.

»Was für eine wunderschöne Blume!« sagte die Frau und küßte sie auf die roten und gelben Blätter; aber gerade wie sie darauf küßte, öffnete sich die Blume mit einem Knall. Es war eine richtige Tulpe, wie man nun sehen konnte, aber mitten in der Blume saß auf dem grünen Blütenstempel ein ganz kleines Mädchen, so fein und niedlich; sie war kaum einen Daumen groß, und deshalb wurde sie Däumelinchen genannt.
Eine niedliche lackierte Walnußschale bekam sie als Wiege, blaue Veilchenblätter waren ihre Matratzen und ein Rosenblatt ihre Bettdecke. Da schlief sie des Nachts, aber am Tage spielte sie auf dem Tisch, wo die Frau einen Teller hingestellt und ringsum mit einem ganzen Kranz von Blumen belegt hatte, deren Stengel im Wasser standen. Darin schwamm ein großes Tulpenblatt, und auf diesem konnte Däumelinchen sitzen und von der einen Seite des Tellers nach der anderen fahren; sie hatte zwei weiße Pferdehaare zum Rudern. Das sah ganz allerliebst aus. Sie konnte auch singen, und so fein und niedlich, wie man es nie gehört hatte.
Eines Nachts, als sie in ihrem schönen Bett lag, kam eine garstige Kröte durch ein Fenster hereingehüpft, wo eine Scheibe entzwei war. Die Kröte war häßlich, groß und naß, sie hüpfte gerade auf den Tisch herunter, wo Däumelinchen lag und unter dem Rosenblatt schlief.
»Das wäre eine schöne Frau für meinen Sohn!« sagte die Kröte, und dann nahm sie die Walnußschale, worin Däumelinchen schlief, und hüpfte mit ihr durch die zerbrochene Scheibe fort, in den Garten hinunter.
Da floß ein großer breiter Fluß; aber gerade am Ufer war es sumpfig und morastig; hier wohnte die Kröte mit ihrem Sohn. Huh, der war auch häßlich und garstig und glich ganz seiner Mutter. »Koaks, koaks, brekekekeks!« das war alles, was er sagen konnte, als er das niedliche kleine Mädchen in der Walnußschale zu sehen bekam.

»Sprich nicht so laut, sonst wacht sie auf!« sagte die alte Kröte. »Sie könnte uns noch entlaufen, denn sie ist so leicht wie ein Schwanenflaum! Wir wollen sie auf eins der breiten Seerosenblätter in den Fluß hinaussetzen, das ist für sie, die so leicht und klein ist, gerade wie eine Insel; da kann sie nicht davonlaufen, während wir die Staatsstube instand setzen unten unter dem Morast, wo ihr wohnen und hausen sollt.«

Draußen im Fluß wuchsen viele Seerosen mit breiten grünen Blättern, welche aussahen, als schwämmen sie oben auf dem Wasser; das Blatt, welches am weitesten draußen lag, war auch das allergrößte; dorthin schwamm die alte Kröte und setzte darauf die Walnußschale mit Däumelinchen.

Das winzigkleine Wesen erwachte frühmorgens, und als sie sah, wo sie war, fing sie recht bitterlich an zu weinen; denn es war Wasser zu allen Seiten des großen grünen Blattes, und sie konnte gar nicht an das Land kommen.

Die alte Kröte saß unten im Morast und putzte ihre Stube mit Schilf und gelben Fischblattblumen aus — da sollte es recht hübsch für die neue Schwiegertochter werden — und schwamm dann mit dem häßlichen Sohn zu dem Blatt hinaus, wo Däumelinchen stand. Sie wollten ihr hübsches Bett holen, das sollte in der Brautkammer aufgestellt werden, bevor sie selbst hereinkam. Die alte Kröte verneigte sich tief im Wasser vor ihr und sagte: »Hier siehst du meinen Sohn; er wird dein Mann sein, und ihr werdet recht prächtig unten im Morast wohnen!«

»Koaks, koaks, brekekeks!« war alles, was der Sohn sagen konnte. Dann nahmen sie das niedliche Bett und schwammen damit fort; aber Däumelinchen saß ganz allein und weinte auf dem grünen Blatt, denn sie mochte nicht bei der garstigen Kröte wohnen oder ihren häßlichen Sohn zum Mann haben. Die kleinen Fische, welche unten im Wasser schwammen, hatten die Kröte wohl gesehen und gehört, was sie gesagt hatte;

deshalb steckten sie die Köpfe heraus, sie wollten doch einmal das kleine Mädchen sehen. Sobald sie es erblickten, fanden sie es so niedlich, und es tat ihnen recht leid, daß es zur häßlichen Kröte hinunter sollte. Nein, das durfte nie geschehen! Sie versammelten sich unten im Wasser rings um den grünen Stengel, welcher das Blatt hielt, auf dem es stand, nagten mit den Zähnen den Stengel durch, und da schwamm das Blatt den Fluß hinab mit Däumelinchen davon, weit fort, wo die Kröte sie nicht erreichen konnte.

Däumelinchen segelte vor so vielen Städten vorbei, und die kleinen Vögel saßen in den Büschen, sahen sie und sangen: »Welch ein liebliches kleines Mädchen!« Das Blatt schwamm mit ihr immer weiter und weiter fort; so reiste Däumelinchen außer Landes.

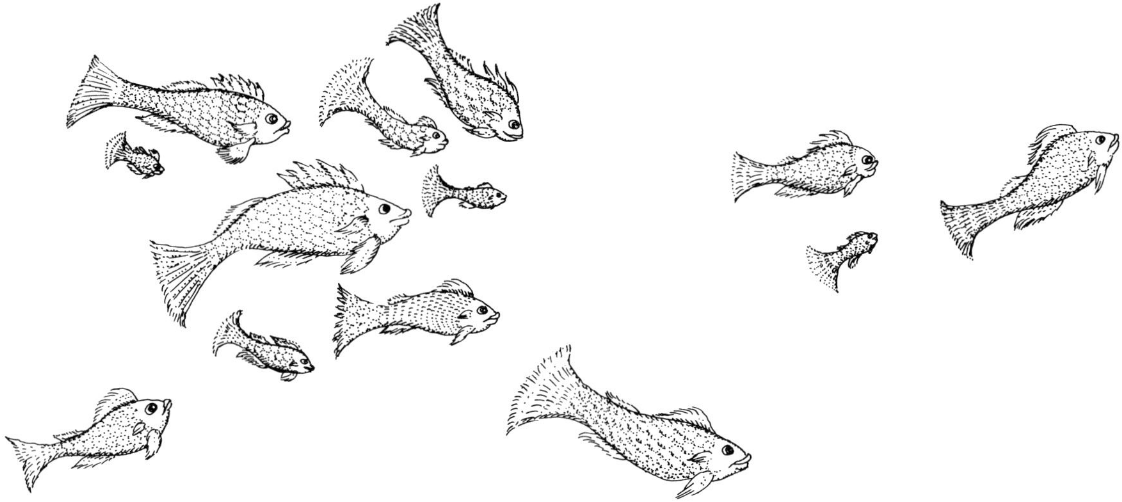

Ein niedlicher kleiner weißer Schmetterling umflatterte sie und ließ sich zuletzt auf dem Blatt nieder, denn Däumelinchen gefiel ihm. Und sie war sehr vergnügt; denn nun konnte die Kröte sie nicht erreichen, und es war so schön, wo sie fuhr; die Sonne schien auf das Wasser, das glänzte wie das herrlichste Gold. Sie nahm ihren Gürtel, band das eine Ende um den Schmetterling, das andere Ende des Bandes befestigte sie am Blatt; das glitt nun viel schneller dahin, und Däumelinchen stand darauf.

Da kam ein großer Maikäfer angeflogen, der erblickte sie und schlug augenblicklich seine Klauen um den schlanken Leib und flog mit ihr auf einen Baum; das grüne Blatt schwamm den Fluß hinunter, und der Schmetterling flog mit; denn er war an das Blatt gebunden und konnte nicht von ihm loskommen.

Gott, wie war das arme Däumelinchen erschrocken, als der Maikäfer mit ihr auf den Baum flog! Aber besonders betrübt war sie des schönen weißen Schmetterlings wegen, den sie an das Blatt gebunden hatte; im Fall er sich nun nicht befreien konnte, mußte er ja verhungern. Aber darum kümmerte sich der Maikäfer gar nicht. Er setzte sich mit ihr auf das größte grüne Blatt des Baumes, gab ihr das Süße der Blumen zu essen und sagte, daß sie so niedlich sei, obgleich sie einem Maikäfer durchaus nicht gleiche. Später kamen alle die andern Maikäfer, die im Baum wohnten, und besuchten sie; sie betrachteten Däumelinchen, und die Maikäferfräuleins rümpften die Fühlhörner und sagten:

»Sie hat doch nicht mehr als zwei Beine, das sieht erbärmlich aus.«

»Sie hat keine Fühlhörner!« sagte eine andere.

»Sie ist so schlank in der Taille, pfui, sie sieht aus wie ein Mensch! Wie häßlich sie ist!« sagten alle Maikäferinnen, und doch war Däumelinchen so niedlich. Das erkannte auch der Maikäfer, der sie hergebracht hatte, aber als alle die andern sagten, sie sei häßlich, glaubte er es zuletzt auch und wollte sie gar nicht haben; sie konnte gehen, wohin sie

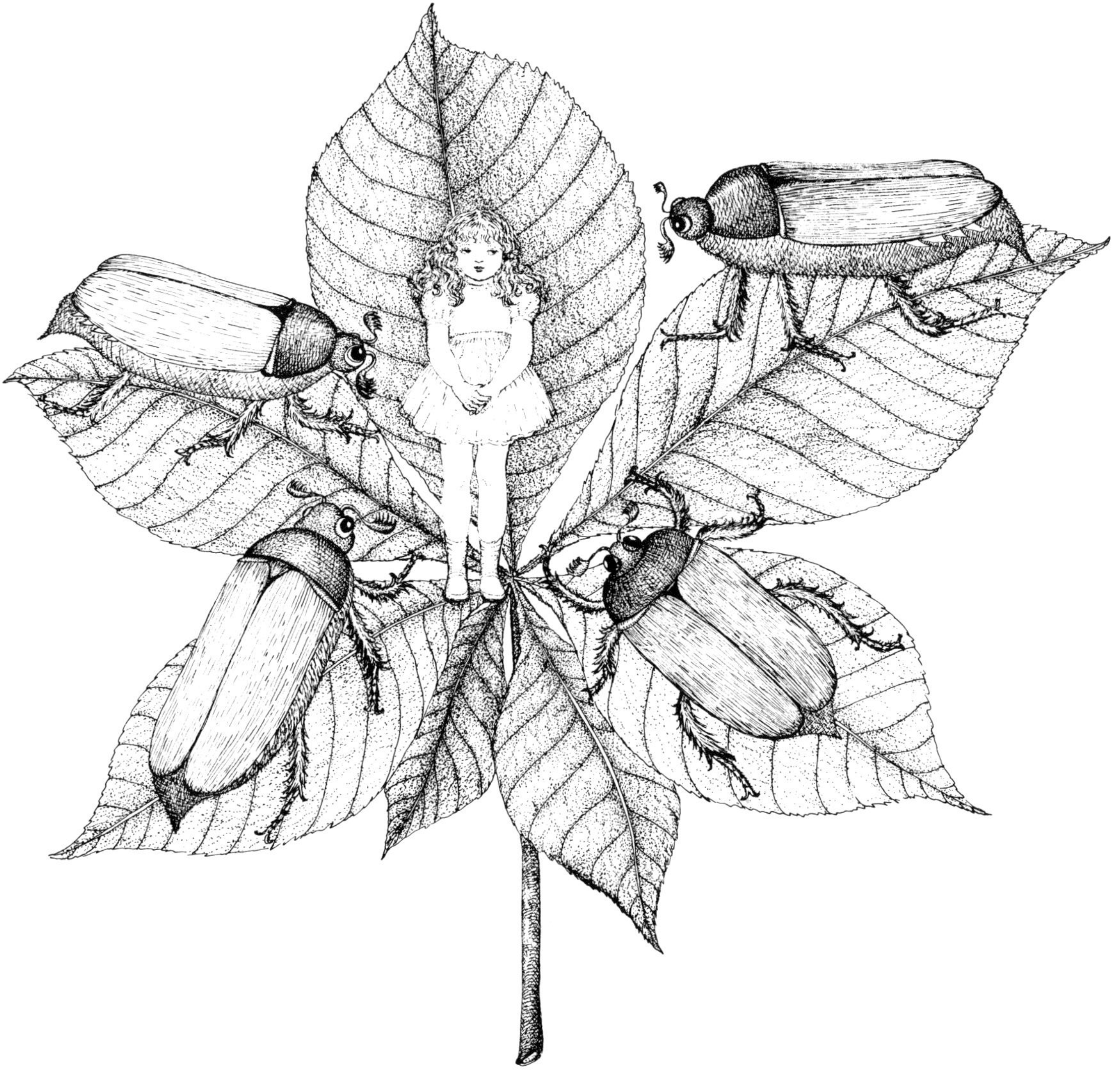

wollte. Sie flogen mit ihr den Baum hinab und setzten sie auf ein Gänseblümchen; da weinte sie, weil sie so häßlich sei, daß die Maikäfer sie nicht haben wollten, und doch war sie die Lieblichste, die man sich denken konnte, so fein und klar wie das schönste Rosenblatt.

Den ganzen Sommer über lebte das arme Däumelinchen ganz allein in dem großen Wald. Sie flocht sich ein Bett aus Grashalmen und hing es unter einem Kleeblatt auf, so war sie vor dem Regen geschützt; sie naschte das Süße der Blumen und trank vom Tau, der jeden Morgen auf den Blättern lag. So vergingen Sommer und Herbst. Aber nun kam der Winter, der kalte, lange Winter. Alle Vögel, die so schön vor ihr gesungen hatten, flogen davon, Bäume und Blumen verdorrten; das große Kleeblatt, unter dem sie gewohnt hatte, schrumpfte zusammen, und es blieb nichts als ein gelber verwelkter Stengel zurück, und sie fror so schrecklich, denn ihre Kleider waren zerrissen, und sie war selbst so fein und klein, das arme Däumelinchen, sie mußte erfrieren. Es fing an zu schneien, und jede Schneeflocke, die auf sie fiel, war, als wenn man auf uns eine ganze Schaufel voll wirft, denn wir sind groß, und sie war kaum einen Daumen lang. Da hüllte sie sich in ein verdorrtes Blatt ein, aber das wollte nicht wärmen, sie zitterte vor Kälte.

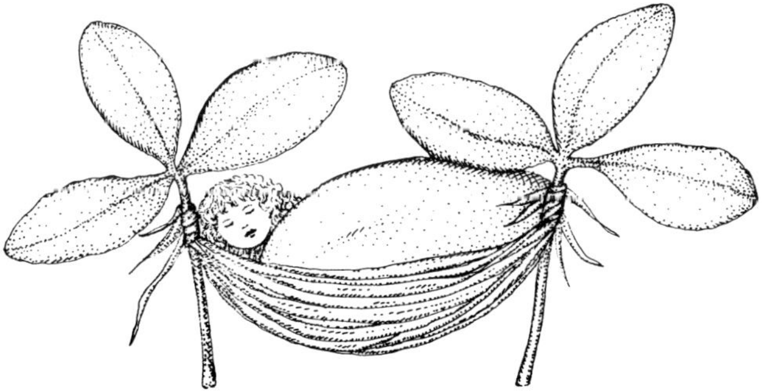

Dicht vor dem Walde, wohin sie nun gekommen war, lag ein großes Kornfeld, aber das Korn war schon lange abgeschnitten, nur die nackten, dürren Stoppeln ragten aus der gefrorenen Erde. Sie waren wie ein ganzer Wald, als Däumelinchen sie durchwanderte, oh, und sie zitterte so vor Kälte. Auf einmal kam sie vor die Tür der Feldmaus, die ein kleines Loch unter den Kornstoppeln hatte. Die Feldmaus wohnte warm und gut, hatte die ganze Stube voll Korn, eine herrliche Küche und Speisekammer. Das arme Däumelinchen stellte sich in die Tür, gerade wie jedes andere arme Bettelmädchen, und bat um ein kleines Stück von einem Gerstenkorn, denn sie hatte seit zwei Tagen nicht das mindeste zu essen gehabt.

»Du armes kleines Wesen!« sagte die Feldmaus, denn im Grunde war es eine gute alte Feldmaus, »komm herein in meine warme Stube und iß mit mir!«

Da ihr nun Däumelinchen gefiel, sagte sie: »Du kannst gern den Winter über bei mir bleiben, aber du mußt meine Stube sauber und rein halten und mir Geschichten erzählen, denn die liebe ich sehr.« Und Däumelinchen tat, was die gute alte Feldmaus verlangte, und hatte es dafür außerordentlich gut.

»Nun werden wir bald Besuch bekommen!« sagte die Feldmaus. »Mein Nachbar pflegt mich wöchentlich einmal zu besuchen. Er steht sich noch besser als ich, hat große Säle und trägt einen schönen schwarzen Samtpelz! Wenn du nur den zum Mann bekommen könntest, so wärest du gut versorgt; aber er kann nicht sehen. Du mußt ihm die hübschesten Geschichten erzählen, die du weißt!«

Aber darum kümmerte sich Däumelinchen nicht, sie mochte den Nachbar gar nicht haben, denn er war ein Maulwurf.

Er kam und machte seine Aufwartung in seinem schwarzen Samtpelz. Er sei so reich und so gelehrt, sagte die Feldmaus; seine Wohnung war auch über zwanzigmal größer

als die der Feldmaus, und Gelehrsamkeit besaß er, aber die Sonne und die schönen Blumen mochte er gar nicht leiden, von diesen sprach er schlecht, denn er hatte sie noch nie gesehen.

Däumelinchen mußte singen, und sie sang: »Kommt ein Vogel geflogen« und »Maikäfer flieg!« Da verliebte sich der Maulwurf in sie ihrer schönen Stimme wegen, aber er sagte nichts, er war so ein besonnener Mann.

Er hatte sich vor kurzem einen langen Gang durch die Erde von seinem bis zu ihrem Haus gegraben; in diesem durften die Feldmaus und Däumelinchen spazieren gehen, soviel sie wollten. Aber er bat sie, sich nicht vor dem toten Vogel zu fürchten, der in dem Gang liege; es war ein ganzer Vogel mit Federn und Schnabel, der sicher erst kürzlich gestorben und nun begraben war, gerade da, wo er seinen Gang gemacht hatte.

Der Maulwurf nahm nun ein Stück faules Holz ins Maul, denn das schimmert ja wie Feuer im Dunkeln, ging dann voran und leuchtete ihnen in dem langen, dunklen Gang. Als sie dahin kamen, wo der tote Vogel lag, stemmte der Maulwurf seine breite Nase gegen die Decke und stieß die Erde auf, so daß ein großes Loch entstand, durch welches das Licht hinunterscheinen konnte. Mitten auf dem Fußboden lag eine tote Schwalbe, die schönen Flügel fest an die Seiten gedrückt, die Füße und den Kopf unter die Federn gezogen; der arme Vogel war sicher vor Kälte gestorben. Das tat Däumelinchen leid, sie hielt so viel von allen kleinen Vögeln, sie hatten ja den ganzen Sommer so schön vor ihr gesungen und gezwitschert; aber der Maulwurf stieß ihn mit seinen kurzen Beinen und sagte: »Nun pfeift er nicht mehr! Es muß doch erbärmlich sein, als kleiner Vogel geboren zu werden! Gott sei Dank, daß keins von meinen Kindern das wird; solch ein Vogel hat außer seinem Kiwitt ja nichts und muß im Winter verhungern!«

»Ja, das mögt Ihr als vernünftiger Mann wohl sagen«, sagte die Feldmaus. »Was hat

der Vogel für all sein Kiwitt, wenn der Winter kommt? Er muß hungern und frieren; doch das soll wohl vornehm sein!«

Däumelinchen sagte gar nichts; aber als die beiden andern dem Vogel den Rücken zuwandten, bückte sie sich, schob die Federn beiseite, welche den Kopf bedeckten, und küßte ihn auf die geschlossenen Augen.

»Vielleicht war er es, der so hübsch vor mir im Sommer sang«, dachte sie. »Wieviel Freude hat er mir gemacht, der liebe, schöne Vogel!«

Der Maulwurf stopfte nun das Loch zu, durch welches der Tag hereinschien, und begleitete die Damen nach Hause. Aber des Nachts konnte Däumelinchen gar nicht schlafen; da stand sie von ihrem Bett auf und flocht aus Heu eine schöne große Decke, und die trug sie hin und breitete sie über den toten Vogel aus und legte weiche Baumwolle, welche sie in der Stube der Feldmaus gefunden hatte, an die Seiten des Vogels, damit er in der kalten Erde warm liegen möge.

»Leb wohl, du schöner kleiner Vogel!« sagte sie. »Leb wohl und hab Dank für deinen herrlichen Gesang im Sommer, als alle Bäume grün waren und die Sonne warm auf uns herabschien!« Dann legte sie ihren Kopf an die Brust des Vogels, erschrak aber sehr, denn es war gerade, als ob drinnen etwas klopfte. Das war des Vogels Herz. Der Vogel war nicht tot, er lag nur betäubt von der Kälte da und war nun erwärmt worden und bekam wieder Leben.

Im Herbst fliegen alle Schwalben nach den warmen Ländern, aber ist da eine, die sich verspätet, dann friert sie so, daß sie wie tot niederfällt, liegen bleibt, wo sie hinfällt, und der kalte Schnee sie bedeckt.

Däumelinchen zitterte ordentlich, so hatte sie sich erschrocken, denn der Vogel war ja groß, sehr groß gegen sie, die keinen Daumen lang war, aber sie faßte doch Mut, legte

die Baumwolle dichter um die arme Schwalbe und holte ein Krauseminzeblatt, welches sie selbst zum Deckbett gehabt hatte, und legte es über den Kopf des Vogels.
In der nächsten Nacht schlich sie sich wieder zu ihm, und da war er nun lebendig, aber ganz matt, er konnte nur einen Moment seine Augen öffnen und Däumelinchen ansehen, die mit einem Stück faulem Holz in der Hand, denn eine andere Laterne hatte sie nicht, vor ihm stand.
»Ich danke dir, du niedliches kleines Kind!« sagte die kranke Schwalbe zu ihr. Du hast mich so herrlich erwärmt! Bald bekomme ich meine Kräfte zurück und kann dann wieder draußen im warmen Sonnenschein herumfliegen!«
»Oh!« sagte sie, »es ist kalt draußen, es schneit und friert! Bleib in deinem warmen Bett, ich werde dich schon pflegen!«
Dann brachte sie der Schwalbe Wasser in einem Blumenblatt, und die Schwalbe trank und erzählte ihr, wie sie ihren einen Flügel an einem Dornenbusch wundgerissen und deshalb nicht so schnell habe fliegen können wie die andern Schwalben, die fortgeflogen seien, weit fort nach den warmen Ländern. Sie sei dann zuletzt zur Erde gefallen, aber mehr wußte sie nicht, und auch nicht, wie sie hierher gekommen sei.
Den ganzen Winter blieb sie nun da unten, und Däumelinchen pflegte sie und hatte sie so lieb; weder der Maulwurf noch die Feldmaus erfuhren etwas davon, denn sie mochten die arme Schwalbe ja nicht leiden.

Sobald das Frühjahr kam und die Sonne die Erde erwärmte, sagte die Schwalbe dem Däumelinchen Lebewohl und öffnete das Loch, welches der Maulwurf oben gemacht hatte. Die Sonne schien so herrlich zu ihnen herein, und die Schwalbe fragte, ob sie mitkommen wolle, sie könnte auf ihrem Rücken sitzen, sie wollten weit in den grünen Wald hineinfliegen. Aber Däumelinchen wußte, daß es die alte Feldmaus betrüben würde, wenn sie heimlich wegging.

»Nein, ich kann nicht!« sagte Däumelinchen.

»Leb wohl, leb wohl, du gutes, niedliches Mädchen!« sagte die Schwalbe und flog hinaus in den warmen Sonnenschein. Däumelinchen sah ihr nach, und die Tränen traten ihr in die Augen, denn sie war der armen Schwalbe von Herzen gut.

»Kiwitt, kiwitt!« sang der Vogel und flog in den grünen Wald. Däumelinchen war recht betrübt. Sie erhielt gar keine Erlaubnis, in den warmen Sonnenschein hinauszugehen. Das Korn, welches auf dem Feld über dem Haus der Feldmaus gesät war, wuchs auch hoch in die Luft; das war ein ganz dichter Wald für das arme kleine Mädchen, das ja noch kleiner als dein Daumen war.

»Nun bist du Braut, Däumelinchen!« sagte die Feldmaus eines Tages. »Der Nachbar hat um dich angehalten. Welch großes Glück für ein armes Kind! Nun mußt du deine Aussteuer nähen, sowohl Wollen- wie Leinenzeug; denn es darf an nichts fehlen, wenn du die Maulwurfsfrau wirst!«

Däumelinchen mußte die Spindel drehen, und die Feldmaus mietete vier Spinnen, um Tag und Nacht für sie zu weben. Jeden Abend besuchte sie der Maulwurf und sprach dann immer davon, daß, wenn der Sommer zu Ende ginge, die Sonne lange nicht so warm scheinen würde, sie brenne ja jetzt die Erde fest wie einen Stein; ja, wenn der Sommer vorbei wäre, dann wollte er mit Däumelinchen Hochzeit halten. Aber sie war

gar nicht froh, denn sie mochte den langweiligen Maulwurf nicht leiden. Jeden Morgen, wenn die Sonne aufging, und jeden Abend, wenn sie unterging, schlich sie sich zur Tür hinaus, und wenn dann der Wind die Kornähren trennte, so daß sie den blauen Himmel sehen konnte, dachte sie daran, wie hell und schön es hier draußen sei, und wünschte sehnlichst, die liebe Schwalbe wiederzusehen; aber die kam nicht wieder; sie war gewiß weit weg in den schönen grünen Wald geflogen.

Als es nun Herbst wurde, hatte Däumelinchen ihre ganze Aussteuer fertig. »In vier Wochen sollst du Hochzeit halten!« sagte die Feldmaus zu ihr. Aber Däumelinchen weinte und sagte, sie wolle den langweiligen Maulwurf nicht haben.

»Schnickschnack!« sagte die Feldmaus. »Werde nicht widerspenstig, denn sonst beiße ich dich mit meinem weißen Zahn! Es ist ja ein schöner Mann, den du bekommst! Nicht einmal die Königin hat so einen schwarzen Samtpelz! Er hat Küche und Keller voll. Danke du Gott für ihn!«

Nun sollten sie Hochzeit haben. Der Maulwurf war schon gekommen, Däumelinchen zu holen; sie sollte bei ihm wohnen, tief unter der Erde, nie an die warme Sonne herauskommen, denn die mochte er nicht leiden. Das arme Kind war so betrübt, sie sollte nun der schönen Sonne Lebewohl sagen, die sie doch bei der Feldmaus hatte von der Tür aus sehen dürfen.

»Leb wohl, meine helle Sonne!« sagte sie, streckte die Arme hoch und ging auch eine kleine Strecke vor dem Haus der Feldmaus weiter; denn nun war das Korn geerntet, und hier standen nur die trockenen Stoppeln. »Leb wohl, leb wohl!« sagte sie und schlang ihre Arme um eine kleine rote Blume, die da stand. »Grüße die kleine Schwalbe von mir, wenn du sie siehst!«

»Kiwitt, kiwitt!« ertönte es plötzlich über ihrem Kopf; sie sah auf, es war die kleine

Schwalbe, die gerade vorbeikam. Sobald sie Däumelinchen erblickte, wurde sie sehr vergnügt; Däumelinchen erzählte ihr, wie ungern sie den häßlichen Maulwurf zum Mann haben wollte, und daß sie dann tief unter der Erde wohnen solle, wo nie die Sonne scheine; und dabei konnte sie ihre Tränen nicht zurückhalten.

»Nun kommt der kalte Winter«, sagte die kleine Schwalbe; »ich fliege weit fort nach den warmen Ländern, willst du mit mir kommen? Du kannst auf meinem Rücken sitzen! Binde dich nur mit deinem Gürtel fest, dann fliegen wir von dem häßlichen Maulwurf und seiner dunklen Stube fort, weit weg über die Berge nach den warmen Ländern, wo die Sonne schöner scheint als hier, wo es immer Sommer ist und herrliche Blumen wachsen. Fliege nur mit mir, du liebes kleines Däumelinchen, die mein Leben gerettet hat, als ich wie tot in dem dunklen Erdkeller lag!«

»Ja, ich werde mit dir kommen!« sagte Däumelinchen und setzte sich auf des Vogels Rücken, mit den Füßen auf seine entfalteten Schwingen, band ihren Gürtel an einer der stärksten Federn fest, und da flog die Schwalbe hoch in die Luft hinauf, über Wald und See, hoch hinauf über die großen Berge, wo immer Schnee liegt; Däumelinchen fror in der kalten Luft, aber dann verkroch sie sich unter des Vogels warmen Federn und streckte nur den kleinen Kopf hervor, um all die Schönheiten unter sich zu bewundern.

Da kamen sie denn nach den warmen Ländern. Dort schien die Sonne viel klarer als hier, der Himmel war zweimal so hoch, und an Gräben und Hecken wuchsen die schönsten grünen und blauen Weintrauben. In den Wäldern hingen Zitronen und Apfelsinen, hier duftete es von Myrten und Krauseminze, und auf den Landstraßen liefen die niedlichsten Kinder und spielten mit großen bunten Schmetterlingen. Aber die Schwalbe flog noch weiter fort, und es wurde schöner und schöner. Unter den herrlichsten grünen Bäumen an der blauen See stand ein blendend weißes Marmorschloß aus alten Zeiten! Weinreben schlangen sich um die hohen Säulen, und ganz oben waren viele Schwalbennester, und in einem wohnte die Schwalbe, welche Däumelinchen trug.

»Hier ist mein Haus!« sagte die Schwalbe. »Aber willst du dir nun selbst eine der prächtigsten Blumen, die da unten wachsen, aussuchen, dann will ich dich hineinsetzen, und du sollst es so gut haben, wie du es nur wünschst!«

»Das ist herrlich!« sagte Däumelinchen und klatschte in die kleinen Hände.

Da lag eine große weiße Marmorsäule, welche zu Boden gefallen und in drei Stücke gesprungen war, aber dazwischen wuchsen die schönsten großen weißen Blumen. Die Schwalbe flog mit Däumelinchen hinunter und setzte sie auf eins der breiten Blätter. Aber wie staunte sie da! Ein kleiner Mann saß mitten in der Blume, so weiß und durchsichtig, als wäre er von Glas; die niedlichste Goldkrone trug er auf dem Kopf und die herrlichsten klaren Flügel an den Schultern, er selbst war nicht größer als Däumelinchen. Er war der Engel der Blume. In jeder Blume wohnte so ein kleiner Mann oder eine Frau, aber dieser war der König über alle.

»Gott, wie ist er schön!« flüsterte Däumelinchen der Schwalbe zu. Der kleine Prinz erschrak sehr über die Schwalbe, denn sie war ja gegen ihn, der so klein und fein war, ein richtiger Riesenvogel; aber als er Däumelinchen sah, wurde er sehr froh; sie war das schönste Mädchen, das er je gesehen hatte. Deshalb nahm er seine Goldkrone vom Kopf und setzte sie ihr auf, fragte, wie sie heiße, und ob sie seine Frau werden wolle, dann sollte sie Königin über alle Blumen werden! Ja, das war wahrlich ein anderer Mann als der Sohn der Kröte und der Maulwurf mit dem schwarzen Samtpelz. Sie sagte deshalb ja zu dem herrlichen Prinzen, und von jeder Blume kam eine Dame oder ein Herr, so niedlich, daß es eine Lust war; jeder brachte Däumelinchen ein Geschenk, aber das Beste von allen war ein Paar schöne Flügel von einer großen weißen Fliege; sie befestigten die Flügel auf Däumelinchens Rücken, und nun konnte sie auch von Blume zu Blume fliegen. Das war eine große Freude, und die kleine Schwalbe saß oben in ihrem Nest

und sang ihnen vor, so gut sie konnte, aber im Herzen war sie doch betrübt, denn sie war Däumelinchen so gut und hätte sich nie von ihr trennen mögen.
»Du sollst nicht Däumelinchen heißen!« sagte der Blumenengel zu ihr. »Das ist ein häßlicher Name, und du bist so schön. Wir wollen dich Maja nennen.«
»Leb wohl, leb wohl!« sagte die kleine Schwalbe und flog wieder fort von den warmen Ländern, weit weg nach Dänemark zurück; dort hatte sie ein kleines Nest über dem Fenster, wo der Mann wohnt, der Märchen erzählen kann. Vor ihm sang sie: »Kiwitt, kiwitt!« Und daher wissen wir die ganze Geschichte.

ISBN 3 87102 036 2

Gesetzt aus der Walbaum-Antiqua
Gesamtherstellung: Kleins Druck- und Verlagsanstalt, Lengerich
Printed in Germany